AF299573

LE MONITOR

ET

LE MERRIMAC

PAR

Le Colonel Baron de SUARCE.

PARIS

IMPRIMERIE CENTRALE DES CHEMINS DE FER

DE NAPOLÉON CHAIX ET C⁶,

Rue Bergère, 20, près du boulevard Montmartre.

1862

LE MONITOR

ET

LE MERRIMAC

PAR

Le Colonel Baron de SUARCE.

Les nouveaux engins de guerre, appelés *Merrimac*, *Monitor* et autres, constituent une invention providentielle qui affranchira les nations riveraines des mers de la pire des tyrannies... de l'inique et brutale autocratie maritime.

Il nous semble, *à priori*, que l'on obtiendrait un formidable système de défense des rades et des côtes, en combinant, avec les engins de guerre précités, le porte-amarre et les moyens de locomotion inventés par l'honorable capitaine du Tremblay.

Les susdits engins de guerre, placés dans ces conditions-là, auraient un avantage de résistance et d'armement qu'il serait impossible de donner aux bâtiments blindés quelconques destinés à tenir la haute mer.

Quoi qu'il en soit du simple aperçu qui précède, on doit regretter que la date de l'invention de ces engins de guerre ne remonte pas aux premiers jours du XIX° siècle... Évidemment, dans cette hypothèse, des *Merrimac*, des *Monitor*, placés à Copenhague et dans les prinpaux ports de la Baltique, eussent empêché la déloyale violation du droit des neutres et l'exécrable bombardement de Copenhague.

On frémit d'indignation à la seule pensée que ce double attentat de l'Angleterre a été le néfaste prélude d'une guerre d'acharnement qui n'a pas duré moins de quinze années, et qui a coûté la vie à plus de quinze cent mille hommes !

C'est un fait digne de remarque que l'invention du *Merrimac* et du *Monitor* se soit fait jour précisément au moment de la perpétration d'un nouvel attentat de l'Angleterre.

En effet, blessée dans son orgueil et menacée dans ses intérêts par le prodigieux accroissement de la marine de l'Union américaine, l'Angleterre a conçu la criminelle pensée, sinon d'anéantir, du moins d'enrayer la prospérité de ce pays, et ce au moyen de ténébreux expédients toujours à l'usage du cabinet britannique, et dont il paraît s'être réservé le secret et le monopole.

Nous nous souvenons parfaitement que, naguère encore, la presse de Londres a essayé d'un *tolle* général contre l'Union américaine, qu'elle accusait bruyamment de viser à la domination universelle.

Or, ce *tolle* général n'ayant pas produit l'effet que l'Angleterre avait autrefois obtenu... hélas! d'une semblable machination dirigée contre Napoléon le Grand, force a été, cette fois, à la vieille Angleterre de recourir à une nouvelle représentation de sa philanthropique abolition de l'esclavage... et tout d'abord, sans tenir compte des désastres déjà causés à Saint-Domingue, à la Martinique, à la Guadeloupe, à l'île de la Réunion, etc., etc., par cette même abolition de l'esclavage, les négrophiles ont prêché une croisade si habilement et si traîtreusement mise en scène, que les citoyens des États du Nord se sont laissé surprendre, et que le résultat immédiatement obtenu a été cette affreuse et fratricide guerre qui désole en ce moment l'Union américaine, et jette la perturbation dans les affaires commerciales du monde entier.

L'esclavage, mot affreusement sonore ! qui est aujourd'hui dans toutes les bouches, qui surexcite toutes les imaginations... mot néfaste ! qui peut entraîner la loyale et noble France à coopérer avec l'Angleterre à l'anéantissement des États du Sud de l'Union américaine, lesquels, à eux seuls, exportent annuellement en Europe des denrées et des produits de première nécessité, pour l'énorme valeur de 900,000,000 de francs environ.

L'esclavage! Mot fatal, qui peut suffire à l'Angleterre pour réduire l'Union américaine entière à l'état d'anarchie et de dissolution dans lequel languit depuis quarante ans le Mexique! Malheureux empire qui, lui aussi, devrait annuellement exporter en Europe des produits d'élite, pour une valeur de plusieurs centaines de millions de francs.

L'esclavage! véritable misère sociale qui remonte à la plus haute antiquité, et qui malheureusement, quoi que fassent les philanthropes, sera éternelle comme le monde.... parce qu'elle découle de l'abus de la force....

L'esclavage! au surplus, qui afflige encore de nos jours une notable partie du globe.... malgré les incessants travaux et l'héroïque dévouement des missionnaires de la chrétienté.

On a une juste idée du véritable rôle que joue l'Angleterre dans la question de l'abolition de l'esclavage, si l'on considère que c'est en Turquie, non pas seulement l'alliée, mais la cliente de l'Angleterre, que l'esclavage est pratiqué de la manière la plus cruelle et la plus dégradante pour l'espèce humaine!

Il est vrai que la Turquie est la terre classique des intrigues et des catastrophes gouvernementales, la terre promise, selon l'esprit et l'intérêt de l'Angleterre..... le cas échéant!

Il est vrai encore que la Turquie, par sa passive obéissance aux exigences britanniques, est la pierre angulaire de l'imbroglio anglais qu'on appelle pompeusement la question d'Orient....! laquelle question d'Orient est une diabolique machine qui, depuis soixante ans, sert de moteur à l'Angleterre pour diviser et rapprocher, tour à tour, les puissances continentales de l'Europe.... bien entendu, au seul profit des intérêts et surtout de la domination britanniques!

L'esclavage, quoique pratiqué tout autrement qu'en Turquie, existe aussi en Amérique, où il a été importé, au commencement du xvi⁰ siècle, par les Espagnols et les Portugais, lors de

la découverte de ce pays, et quand il s'est agi de
le mettre en valeur.

Remarquons que l'importation de l'esclavage
en Amérique a été une nécessité radicale, la
question *sine quâ non* de la colonisation de ce
pays, où tout, absolument tout, était à créer,
au point de vue d'une exploitation profitable
particulièrement aux nations européennes.

Les colons fondateurs ayant, en effet, re-
connu que le sol de l'Amérique était propre à
la culture de précieux produits exotiques, pro-
venant pour la plupart des Indes orientales,
tels que coton, sucre, café, riz, tabac et céréales
de toute nature, moins le maïs, base de la
nourriture des indigènes américains, mais sa-
chant, d'autre part, que cette culture nécessi-
tait des travailleurs robustes que la race indi-
gène ne pouvait pas fournir, des travailleurs
spéciaux habitués au soleil brûlant de l'Asie et
de l'Afrique, on a dû procéder comme on pro-
cédait il y a trois cents ans : on a acheté des
nègres pour les utiliser en Amérique, sans

croire commettre un attentat contre l'huma-
nité.... sans croire offenser Dieu!

Abordant loyalement la question, nous de-
manderons : est-ce oui ou non par la suprême
volonté de Dieu..... que les nègres livrés à
leurs instincts naturels, sur leur sol natal,
vivent encore en 1862 dans le même état d'a-
brutissement où vivaient leurs ancêtres il y a
trois cents ans ?

Est-ce à dire qu'il faille renoncer à faire
chrétiennement les plus grands efforts pour
améliorer, pour civiliser la race nègre? Telle
n'est pas notre pensée, malgré que les anciens
Égyptiens et les Carthaginois, toujours en
contact avec des nègres, particulièrement avec
les Nubiens, aient échoué dans cette charitable
et louable entreprise.

Nous avons seulement voulu signaler la
cause et l'origine de l'importation de l'esclavage
en Amérique.

A quelque point de vue que l'on considère
ce fait, on sera toujours conduit à reconnaître

que la transformation des terres peu cultivées
et mal cultivées de l'Amérique, en terres don-
nant les plus riches et les plus utiles produits
du monde, a eu pour résultat incontestable une
immense amélioration du bien-être des peuples
en général.

Que l'on guérisse l'Union américaine de
l'empoisonnement moral dont le génie du mal
veut la rendre victime ; qu'on laisse l'Union
américaine accomplir sa providentielle desti-
née, celle de mettre en valeur de vastes
solitudes encore en friches et qui n'attendent
que la main de l'homme pour devenir produc-
tives, et la disette des céréales, cet affreux
fléau qui terrifie quelquefois l'Europe, sera
rendue impossible !

Il existe aujourd'hui dans les États du Sud
de l'Union américaine, à la Havane et autres
colonies espagnoles et au Brésil, environ
4,500,000 esclaves de race nègre, dont le travail représente annuellement une valeur de
1,300,000,000 de francs en céréales, coton,

sucre, etc., etc.; tous produits d'élite, régulièrement exportés en Europe, où ils sont toujours fort utiles et souvent indispensables.

Disons bien haut que le travail de ces mêmes 4,500,000 esclaves ne représenterait, s'ils étaient libres, que de 6 à 7 millions de francs : fait comparatif authentiquement constaté dans toutes les colonies françaises et autres où l'on a pratiqué l'abolition de l'esclavage !

Que l'on consulte, au surplus, à cet égard, non pas les plaintes, non pas les malédictions des colons qu'on prétend avoir indemnisés, mais l'état de leur fortune présente comparée à l'état de leur fortune passée, et l'on aura le chiffre exact de la spoliation dont ils ont été les victimes.

Les journaux annoncent que le président Lincoln vient de concéder à l'Angleterre le trop fameux droit de visite : c'est une bonne nouvelle et de plus un stimulant pour les séparatistes, qui, certes, n'ont pas besoin d'être encouragés ; mais on les accusait de combattre uniquement pour des intérêts matériels; les négrophiles, au contraire, se posaient comme représentant la religion et la morale; les séparatistes vont donc désormais combattre à la fois *pro domo* et pour l'honneur national !

L'annonce que le président Lincoln a officiellement inféodé l'Union américaine à l'Angleterre a causé dans les États du Sud une irritation, un mouvement fébrile qui, dans les tourmentes révolutionnaires, est un puissant et énergique élément de succès !

Que dire de l'Angleterre qui profite du fâcheux état de l'Union américaine pour lui imposer, *in extremis*, son insolent droit de visite, sinon que c'est à la fois de mauvais goût et surtout sans dignité !

Les négrophiles français demandent ouvertement à l'Empereur Napoléon III de faire marcher la France de conserve avec l'Angleterre, pour aider officieusement le président Lincoln à faire triompher ce qu'ils appellent la grande cause de l'abolition de l'esclavage....

Quelle triste et concluante preuve de l'instabilité et du revirement des choses de ce monde n'a-t-on pas en ce moment?

La Virginie ravagée aujourd'hui par la guerre civile.... la Virginie menacée pour demain de la perte de son indépendance.... la Virginie a été le premier des États de l'Union américaine qui ait levé l'étendard de la révolte.... contre la tyrannie de l'Angleterre!

L'immortel Washington était Virginien.... C'est en Virginie que Lafayette est allé combattre aux côtés de ce grand homme; c'est en Virginie, enfin, que le sang français a coulé tout d'abord pour la noble et juste cause américaine!

N'y aurait-il donc pas sacrilége à conduire les enfants de la France de 1862 porter sciemment la ruine et l'anarchie dans la Virginie et les autres États du Sud, autrefois défendus.... mais ce qui est sacré, ce qui oblige la France.... autrefois efficacement protégés par des armées françaises de terre et de mer, dans les rangs desquelles armées se faisait remarquer, parmi les plus braves, le jeune général vicomte de Beauharnais, l'illustre aïeul de Napoléon III !

L'abolition de l'esclavage dans les États du Sud de l'Union américaine entraînerait sytématiquement l'abolition de l'esclavage à la Havane, dans les autres colonies espagnoles et au Brésil...

Espère-t-on donc que la vaillante Espagne, déjà successivement dépouillée, depuis 1815, de ses vastes et légitimes possessions d'Amérique, par la fallacieuse propagande.... prétendue libérale.... de la vieille Angleterre, souffrirait aujourd'hui, l'arme au bras.... d'être victime d'une nouvelle machination britannique ?

Nous pensons que ce serait méconnaître l'esprit éminemment national, et l'indomptable énergie des compatriotes de la noble et bienfaisante Impératrice Eugénie, dont l'élévation de caractère est si populaire en France.

Nous espérons même, parce que nous le désirons, que les nobles descendants des illustres Vasco de Gama, Albuquerque, Mascarhnas, Loulé et tant d'autres vaillants chevaliers, ne seraient pas les impassibles spectateurs de la ruine du Brésil, qu'on pourrait, à bon droit, appeler le Portugal américain.

Un propriétaire havanais, réputé l'un des plus braves officiers de l'armée espagnole, ayant fait la récente guerre du Maroc, circonstance aggravante, parce que là, comme toujours, l'Angleterre est venue imposer son irritant véto, nous disait dernièrement, au sujet de la ruine projetée de la Havane :

« Des *Merrimac* et des *Monitor* à Renteria, à Santona, au Ferrol, à l'île de Léon, à Tarifa, à Algésiras, à Carthagène, à Mahon, et sur le point jugé le plus favorable des côtes de la Catalogne.... et l'Espagne peut désormais lutter victorieusement contre l'Angleterre.... »

La dignité et l'énergie ne font assurément pas défaut à l'Espagne, que nous voyons per-

sonnellement avec grande satisfaction repren-
dre son rang de bataille parmi les premières
nations du monde.... Mais l'argent ? répon-
dions-nous... — L'argent ! répliqua le Havanais;
l'illustre de Lesseps a trouvé de l'argent pour
le percement de l'isthme de Suez, en dépit et
surtout en haine de l'Angleterre... l'Espagne
n'aurait donc qu'à suivre le chemin battu par
M. de Lesseps.

Les rapports officiels font foi que, de 1861 à
1862, l'exportation de l'Union américaine, particulièrement en denrées et en produits indispensables à l'Europe, n'a pas atteint la moitié
de l'importance qu'elle avait eue depuis nom-
bre d'années.

Ainsi, la tourmente produite par la seule menace de l'abolition de l'esclavage cause déjà des
maux incalculables...

Nous dira-t-on que le mal n'est que tempo-
raire et que les choses reprendront peu à peu
leur état normal? A cela, nous répéterons que
la pratique prouve d'une manière positive, qui

n'a d'ailleurs pas été contestée, que le travail du nègre devenu libre est de moitié moins productif que ne l'était le travail du même nègre quand il était esclave : ce fait est, au surplus, le résultat de ce que le nouvel état de choses ayant forcément changé l'antique organisation des ateliers, les nègres travaillent sans ensemble, et, pour la plupart, seulement quand ils sont pressés par le besoin.

En général, les nègres libres ont de la peine à gagner leur vie, à cause de leur manque d'initiative et de leur imprévoyance, de sorte qu'ils constituent une véritable plaie sociale dans les colonies où a été pratiquée l'abolition de l'esclavage.

Les écrits des négrophiles humanitaires, dont les intentions et la loyauté ne sauraient être suspectées, ont toutefois servi et servent encore, à leur insu, à masquer une machination dont les auteurs prennent aussi le titre de négrophiles.... Mais ceux-là ne sont pas humanitaires le moins du monde : c'est ce que nous allons nous efforcer de prouver.

Personne n'ignore que l'Angleterre n'exporte, la houille exceptée, que très peu de ses produits territoriaux; que l'Angleterre, au contraire, est tributaire de l'étranger pour une portion de ses denrées de première nécessité et de la majeure partie des matières premières qui alimentent ses manufactures; d'où il résulte que la puissance de l'Angleterre et le large confort dont elle jouit reposent à peu près uniquement sur l'habileté incontestable de son gouvernement, sur le patriotisme et le prodigieux esprit d'entreprise de la nation, et sur son commerce et son industrie, merveilleusement secondés par une formidable marine militaire et une immense marine marchande, réputées l'une et l'autre pour ne pouvoir être égalées nulle part.

Si donc une nation quelconque du globe parvenait à primer le commerce et l'industrie de l'Angleterre... ou à primer sa force maritime, et possédait en outre d'immenses richesses territoriales que l'Angleterre ne possède pas, il est évident qu'une telle nation causerait un effroi mortel à l'Angleterre ;

Que l'Angleterre se verrait incessamment menacée du sort qui a jadis successivement atteint Venise et la Hollande, et que, dès lors, il y aurait à vider entre l'Angleterre et la susdite nation un véritable duel à mort !

Or, la nation en question, existe... c'est l'Union américaine !

En effet, le tonnage de la marine marchande de l'Union américaine excède déjà de plus de moitié le tonnage de la marine marchande de l'Angleterre... Cet état de choses résulte tout simplement de ce que l'Union américaine a un développement de côtes de 2,700 lieues environ, et des produits territoriaux de toutes natures qui rendent ses constructions navales moins coûteuses que ne le sont celles de l'Angleterre, et qui permet à l'Union américaine de traiter plus largement ses marins, quant à la solde, et surtout quant à la nourriture.

Un fait très-significatif, c'est qu'il existe dans

la marine de l'Union américaine au moins vingt mille matelots de nationalité anglaise.

L'énergie, la persévérance et l'esprit d'entreprise existent au même degré chez l'Anglais et chez le citoyen de l'Union américaine, ainsi que cette merveilleuse aptitude de colonisation et d'organisation qu'il est impossible de ne pas admirer.

Si l'on nous objecte que les forces de la marine militaire de l'Angleterre sont décuples de celles de l'Union américaine, nous répondrons que cette supériorité de forces est singulièrement amoindrie par l'invention des *Merrimac* et des *Monitor*, et qu'elle serait à peu près neutralisée si l'on employait ces engins de guerre systématiquement organisés pour la défense des côtes.

Au surplus, même avant l'invention des *Merrimac* et des *Monitor*, d'irritants rapports diplomatiques avaient eu lieu entre l'Angleterre et l'Union américaine, et dès lors, l'Angleterre n'avait pas voulu hasarder sa puissante marine militaire... N'était-ce pas l'aveu que déjà l'Angleterre avait conscience que l'Union américaine était... pour elle Angleterre... plus qu'une rivale ?

Les homélies de l'Angleterre en faveur de l'abolition de l'esclavage sont de pures déceptions... L'étroite et éternelle alliance de l'Angleterre avec la Turquie, cette puissance hideusement esclavagiste, ne laisse aucun doute à cet égard.

L'Angleterre a réellement et spécialement imaginé son expédient de l'abolition de l'esclavage, en même temps que son faux libéralisme, pour introduire l'anarchie dans les Amériques, afin d'assurer à ses possessions des Indes orientales le monopole de ce que l'on appelle les denrées coloniales.

Cette manœuvre antisociale avait déjà produit de désastreux effets, quand l'énergique Union américaine, elle seule, s'est résolûment opposée à l'insolent droit de visite.... autre machination de l'Angleterre....

De là, des manœuvres souterraines de la part de l'Angleterre, et, en désespoir de cause, cette sorte de 93 qui menace d'ébranler la vigoureuse Union américaine jusque dans ses fondements!

PARIS, IMP.CENTRALE DES CHEMINS DE FER DE NAPOLÉON CHAIX ET C°, RUE BERGÈRE, 20.—4240